Ernie Baker

Ich lebe
IM STREIT

Beratender Herausgeber: Dr. Paul Tautges

TASCHEN HILFE 7

Ernie Baker
Ich lebe im Streit

1. Auflage 2020

ISBN: 978-3-947196-57-9

Originaltitel: Help! I'm In a Conflict

Published by Shepherd Press, Wapwallopen, PA 18660

EBTC Europäisches Bibel Trainings Centrum e. V.
An der Schillingbrücke 4 · 10243 Berlin
www.ebtc.org

Übersetzung: Jo Frick
Lektorat: Sinja Heinemann, Andrea Martens
Cover & Satz: Oleksandr Hudym
Herstellung: ARKA, Cieszyn (Polen)

INHALTSVERZEICHNIS

EINLEITUNG

Schlaflose Nächte, Appetitlosigkeit, zerbrochene Beziehungen und wilde Gefühle des Zorns, der Bitterkeit und der Angst sind allesamt Begleiterscheinungen von zwischenmenschlichen Konflikten. Hinzu kommen dann noch fiese E-Mails, Anschuldigungen, die einem an den Kopf geworfen werden, sowie Ächtung durch „Entfreundung" in den sozialen Netzwerken. Diese Reaktionen rufen bei vielen Menschen Fragen und Bemerkungen wie diese hervor: „Wie können sich Christen gegenseitig nur so behandeln?" „Wie konnte es nur soweit kommen, dass meine Ehe an diesem Punkt angelangt ist?" „Warum lässt Gott ein solches Maß an Konflikten in seiner Gemeinde zu?" „Wenn es sich mit der Gemeinde so verhält, will ich nichts mit ihr zu tun haben!"

Von Anfang an gehörten Konflikte zur Geschichte dieses Planeten. Leider sind Christen und Gemeinden dagegen nicht gefeit. Die Statistiken zu evangelikalen Gemeinden in den USA, wo ich meinen Dienst tue, sind sogar haarsträubend. Eine Studie hat ergeben, dass von allen befragten evangelikalen Gemeinden 34% ihren ehemaligen Pastor dazu gezwungen haben, seinen Dienst zu quittieren und dass 23% aller Pastoren, die derzeitig in den USA im Amt sind, zu irgendeinem Zeitpunkt entlassen bzw. von ihrer Gemeinde gezwungen wurden, die Pastorenstelle aufzugeben. Eine der Statistiken, die uns am meisten beunruhigen sollte, besagt, dass die Dienstlaufbahn eines Pastors durchschnittlich nur vierzehn Jahre beträgt.[1] Obwohl diese Statistiken unglaublich traurig sind, tragen sie noch nicht einmal all der angespannten Ehen, all der Familienerbstreitigkeiten oder all der Nationen, die sich im Kriegszustand befinden, Rechnung.

Wie sollen wir auf einander eingehen, wenn wir uns in einem Konflikt befinden? Welche Richtlinien und Orientierungshilfen hält die Bibel parat? Spricht die auf dem Evangelium basierende Wahrheit die Spannungen an, die in unseren Beziehungen auftreten können? Welche praktischen Schritte sollten wir unternehmen, wenn zwischenmenschliche Probleme auftreten? Dies sind einige der Fragen, die dieses Büchlein behandeln wird.

---

[1] „Strike the shepherd – Losing Pastors in the Church" von Ken Sande; zu finden auf der Webseite von *Peacemaker Ministries*: http://www.peacemaker.net/

1.
MIT KONFLIKTEN VERTRAUT

Konflikte sind viel mehr als nur ein akademisches Thema für mich. Als Pastor sind mir Konflikte keineswegs fremd. Ich kann sogar sagen, dass es zu den angespanntesten Momenten meines Lebens bei Gemeindestunden oder Gemeindevorstandstreffen kam!

Vor vielen Jahren begann eine Gruppe von Leuten in meiner Gemeinde, Bedenken hinsichtlich meiner Leiterschaft zu äußern. Man schrieb Beschwerdebriefe und „wählte mit der Brieftasche", indem man sich mit den Geldzuwendungen zurückhielt. Mir wurde vieles vorgeworfen – unter anderem, dass ich kein liebevoller Pastor sei. Seitens des Musikkomitees gab man mir zu verstehen, dass man ein größeres Budget brauchte. Doch das Missionskomitee hielt sich wiederum für das wichtigste, weil „wirklich geistliche" Gemeinden mehr Geld für die Mission ausgeben. Die Jugendleiter sahen das wieder anders. Sie fanden, dass sie Anspruch auf mehr Geld hätten, weil man ja immerhin die nächste Generation für den Herrn vorbereitete.

HILFE VON EINEM VERMITTLER

Als sich die Lage zuspitzte, kam es zu einer tiefen Spaltung innerhalb der Gemeinde und es zeichnete sich auf schmerzliche Weise ab, dass wir auf die Hilfe eines Vermittlers von außen angewiesen waren. Also kontaktierten wir einen Dienst, der sich angeblich auf solche Situationen spezialisiert hatte.[2] Als sich diese Organisation einschaltete, merkte ich sofort, dass biblische Prinzipien verletzt wurden. Der „Schlichter" bzw. „Vermittler" fragte mich beispielsweise niemals nach meiner Version der Geschichte, obwohl Sprüche 18,17 deutlich macht, dass „jede Geschichte stets zwei Seiten hat".

> Wer sich in seinem Prozess zuerst verteidigen darf, hat recht – doch dann kommt der andere und forscht ihn aus.

Zudem sagte mir der Schlichter, dass es zu seiner Methodik gehörte, den Leuten zu gestatten, „ihrem Unmut Luft zu machen". In anderen Worten, sie mussten es sich einfach nur von der Seele reden, damit sie sich besser fühlten. Nun, ich kann bezeugen, dass da eine Menge sündiges „Luftmachen" dabei war, das ein Ver-

---

[2] Das war nicht *Peacemaker Ministries*. Erst aufgrund dieser Situation wurde ich auf *Peacemaker Ministries* aufmerksam.

stoß gegen das war, was die Schrift dazu zu sagen hat, wie wir unsere Zunge im Zaum halten sollen. Er bestand darauf, dass ich an einer bestimmten Gemeindestunde nicht teilnehme, sodass die Leute ungehemmt aufstehen und ihre Vorbehalte mir gegenüber äußern konnten. Das war ein direkter Verstoß gegen Matthäus 18,15:

> Wenn aber dein Bruder an dir gesündigt hat, so geh hin und weise ihn zurecht unter vier Augen. Hört er auf dich, so hast du deinen Bruder gewonnen.

Für mich als Pastor war diese Erfahrung schockierend. Ich war in einer Pastorenfamilie aufgewachsen und wusste zumindest theoretisch, wie verheerend sich ein Gemeindekonflikt auswirken kann, weil ich miterlebt hatte, wie mein Vater viel davon durchmachen musste. Doch ich hatte mir eingeredet, dass mich alle lieben werden, solange ich all meinen Pastorenpflichten nachkommen und solide biblische Botschaften predigen würde. Ich musste auf schmerzliche Weise feststellen, dass dem nicht so war.

Ich wurde von der Wirklichkeit eingeholt, als ich anfing, anonyme Briefe zu erhalten. Nach einer Weile gewöhnte ich mir an, erst einmal nachzuschauen, ob ein Brief überhaupt unterschrieben war. Wenn nicht, entsorgte ich ihn, weil ich davon überzeugt war, dass Anonymität das biblische Prinzip verletzte, dass man mit seinem Anliegen persönlich zu seinem Bruder gehen soll, um mit ihm unter vier Augen darüber zu sprechen.

Aus dieser und anderen ähnlichen Erfahrungen weiß ich, wie leicht es dazu kommen kann, dass Zynismus und Versagensängste sich breit machen. Vielleicht sind auch dir schon einmal diese oder ähnliche Dinge durch den Kopf geschossen: „Ich habe als Ehefrau versagt" oder „Man hat mich entlassen. Ich muss also ein Versager sein." Zynismus nagt an deinem Herzen und du magst dich innerlich verhärten, weil du eine erneute Verletzung vermeiden willst. Zum Selbstschutz baut man dann leicht Barrieren auf und lässt andere nicht an sich heran. Pastoren hängen dann den Dienst an den Nagel, während andere ihren Ehepartner verlassen.

Falls du dich in diesen oder ähnlichen Erfahrungen und Gefühlen wiederfindest, dann sind diese Zeilen für dich bestimmt. Es ist meine Hoffnung, dass du ermutigt wirst, indem du erkennst, was der Herr im Begriff ist, zu tun, und indem dir bewusst wird, wie wichtig die Schrift ist, um mit Spannungen in zwischenmenschlichen Beziehungen richtig umzugehen.

Das Thema zerbrochener Beziehungen taucht sogar schon ziemlich am Anfang der Heiligen Schrift auf und zeigt uns, wie sehr wir auf das Eingreifen des Herrn und seine Antworten angewiesen sind. Fangen wir ganz vorne an und sehen einmal, woher die Spannungen in zwischenmenschlichen Beziehungen kommen.

DER URSPRUNG DER KONFLIKTE

Um einordnen zu können, wie drastisch sich die Situation zugespitzt hat, wollen wir sie einmal mit dem Zustand des Lebens in einer sündlosen, konfliktfreien Welt vergleichen. 1. Mose 1,26–28 berichtet davon, welch Vorrecht wir Menschen haben, da wir in Gottes Bild geschaffen wurden. Laut diesen Versen wird dieses Bild auf einzigartige Weise zum Ausdruck gebracht, wenn ein Mann und eine Frau als Ehemann und Ehefrau zusammenkommen. So wie Gott der Vater, der Sohn und der Heilige Geist sich in Eintracht miteinander befinden, so sollten auch der erste Ehemann und seine Frau diese Eintracht miteinander widerspiegeln. Es gab keine Spannungen, nur Harmonie. Es gab keinen Aufruhr, nur Frieden. Ist das nicht erstaunlich? Kannst du dir überhaupt vorstellen, dass es so eine Beziehung geben könnte?

1. Mose 2 gibt uns eine weitere Vorstellung davon, wie es wohl vor den Ereignissen in Kapitel 3 gewesen sein muss. Da heißt es, dass dieses frischgebackene Ehepaar „ein Fleisch“ und „nackt“ waren und „sich nicht schämten“ (2,24–25). In anderen Worten, es gab nichts, was zwischen den beiden stand – nicht einmal Kleidung. Das ist allerhand! Doch diese Situation würde sich radikal ändern.

Was als nächstes passiert und in 1. Mose 3 beschrieben wird, hat unmittelbar mit zerbrochenen Beziehungen zu tun. Weil sie Gott misstraut hatten, machten Adam und Eva eine neue, sicherlich recht unangenehme Erfahrung, als Spannungen in ihre Beziehung hineinkamen. Doch eine viel verheerendere Folge ihres Ungehorsams gegenüber dem Herrn, war der Bruch in ihrer Beziehung zu ihm!

Beachte zunächst einmal einige der Auswirkungen auf Beziehungen. Nachdem die Sünde in die Welt von Adam und Eva Einzug gehalten hatte, ...

1. ... bedeckten sie sich und versteckten sich vor Gott (3,7). Fortan wiesen Beziehungen Hemmnisse auf.

2. ... machten sie andere für ihre Probleme verantwortlich (3,12).
3. ... kam es zu Spannungen für den Ehemann und die Ehefrau in ihren jeweiligen Rollen (3,16–17).
4. ... ermordete nur ein paar Verse später – um noch einen draufzusetzen – jemand seinen Bruder (4,8).

So schmerzlich diese Dinge auch sind, ist dabei der herzzerreißendste Aspekt, dass sie die Beziehung zu ihrem Schöpfer eingebüßt haben. Sie misstrauten ihm, gaben seine Worte falsch wider, versteckten sich vor ihm, belogen ihn und wurden folglich aus dem Garten verbannt (3,24). Von nun an gab es nicht nur Hemmnisse zwischen dem Mann und seiner Frau, sondern auch zwischen dem Menschen und seinem Schöpfer. Es ist äußerst wichtig, dass wir uns bewusst machen, dass die täglichen Spannungen, die wir erleben, hier ihren Anfang nahmen, in der ersten Rebellion der Menschen.

Als ich im Laufe der Jahre über diesen Schriftabschnitt nachsann, war ich immer wieder darüber erstaunt, wie gnädig der Herr gegenüber Adam und Eva war. Inmitten der unmittelbaren Folgen ihrer Rebellion versprach er ihnen, dass jemand kommen würde, um die Schlange zu besiegen (3,15). Daraufhin entfaltet die Schrift diese erstaunliche Geschichte des kommenden

Retters und seines vollbrachten Werks am Kreuz mit all seinen Auswirkungen, sowohl für das jetzige Leben als auch für die Ewigkeit, in der wir einmal vollkommene Beziehungen mit Gott und anderen genießen werden.

DIE SCHRIFT GEHT NICHT NAIV AN DAS THEMA BEZIEHUNGEN HERAN

Doch lässt sich die Geschichte vom Tod, dem Begräbnis und der Auferstehung Christi wirklich auf meinen Konflikt anwenden? Augenscheinlich glaubte der Apostel Paulus dies, da er zwischenmenschliche Probleme ziemlich oft in seinen Schriften thematisierte, wie wir den folgenden Beispielen entnehmen können. Er schreibt stets vor dem Hintergrund dessen, was unser Herr durch seinen Tod und seine Auferstehung bewerkstelligt hat und in welcher Beziehung wir zu ihm stehen. Seine Befehle haben oft damit zu tun, welche Auswirkungen das Evangelium (die gute Nachricht) auf Beziehungen hat. Mit ziemlicher Regelmäßigkeit werden zwischenmenschliche Spannungen im Zusammenhang zumindest angedeutet.

Der Erste Korintherbrief

Die Gemeinde in Korinth war berüchtigt für ihre innergemeindlichen Konflikte (neben vielen anderen Problemen)! Aus diesem Anlass wurde der erste Korintherbrief geschrieben und der Ruf der korinthischen Christen wird ihnen wohl bis zum Ende der Zeit anhaften. In meiner Predigerausbildung an der theologischen Hochschule wurde mir nahegelegt, in einer neuen Gemeinde stets als erstes durch den ersten Korintherbrief zu predigen, weil er so viele zeitgenössische Probleme in der Ortsgemeinde anspricht. Auf diese Weise konnte mich niemand bezichtigen, bereits darüber Bescheid zu wissen und darüber zu predigen, was in der Gemeinde tatsächlich vor sich ging!

Im ersten Kapitel konfrontiert Paulus die Korinther auf sanftmütige Weise:

> Mir ist nämlich, meine Brüder, durch die Leute der Chloe bekannt geworden, dass Streitigkeiten unter euch sind. (1Kor 1,11)

Später in 6,1 spricht er das konkrete Problem von Rechtsstreitigkeiten an:

> Wie kann jemand von euch, der eine Beschwerde gegen einen anderen hat, sich bei den Ungerechten richten lassen anstatt bei den Heiligen?

Geschwister brachten sich gegenseitig vor Gericht! Anders ausgedrückt, dachte Paulus, „Wie könnt ihr euch nur an die Ungerechten wenden, um Gerechtigkeit zu bekommen?"

Der Philipperbrief

Im Philipperbrief schreibt Paulus,

> Ich ermahne Euodia und ich ermahne Syntyche, eines Sinnes zu sein im Herrn (Phil 4,2).

Diese beiden Frauen brauchten Hilfe, um sich wieder zu vertragen und ich vermute, dass ihre angespannte Beziehung die Gemeinde in Mitleidenschaft gezogen hatte. Das könnte der Grund dafür sein, dass er am Anfang des Briefes schrieb,

> Nur führt euer Leben würdig des Evangeliums von Christus, damit ich, ob ich komme und euch sehe oder abwesend bin, von euch höre, dass ihr fest steht in einem Geist und einmütig miteinander kämpft für den Glauben des Evangeliums (Phil 1,27).

Wir konzentrieren uns oft auf die wunderbare Theologie hinsichtlich des Opfertodes unseres Herrn (2,6–11), doch vergessen dabei ganz, dass der Zusammenhang ebenfalls eine Ermahnung zur Einigkeit ist (2,1–5). Ich bin sogar zu der Schlussfolgerung gelangt, dass Vers 4 einer der wichtigsten Verse für Konfliktlösung in der Bibel ist. Auf der Grundlage des Vorbilds unseres Herrn schreibt der Apostel,

> Jeder schaue nicht auf das Seine, sondern jeder auf das des anderen (Phil 2,4).

Ein paar Verse später ermahnt er die Gläubigen,

> Tut alles ohne Murren und Bedenken, damit ihr unsträflich und lauter seid, untadelige Kinder Gottes inmitten eines verdrehten und verkehrten Geschlechts, unter welchem ihr leuchtet als Lichter in der Welt (Phil 2,14–15).

Er hätte sie wohl nicht daran erinnern müssen, nicht zu murren, wenn sie es nicht bereits täten. Seine Motivation scheint dieselbe zu sein, wie sonst auch fast immer – nämlich das Ansehen Jesu Christi!

Somit ist es offensichtlich, dass die Schrift mit Konflikten nicht naiv umgeht, sondern weise Anleitung gibt, wie man mit den unvermeidlichen Spannungen umgeht, die mit Beziehungen einhergehen. Die Bibel macht deutlich (und diese Tatsache ist ein Augenöffner), dass es in der Gemeinde niemals einen unverdorbenen Zeitpunkt gab, wo Gläubige sich nicht mit zwischenmenschlichen Problemen hätten herumschlagen müssen.

Von all den Abschnitten, in denen Paulus Beziehungen anspricht, verdient Epheser 4,1–3 unsere besondere Aufmerksamkeit. Diesen wollen wir uns als Nächstes anschauen.

2. DIE NOTWENDIGKEIT DER VERSÖHNUNG

Epheser 4,1–3 muss ein wenig genauer erarbeitet werden, weil die darin befindlichen Prinzipien überaus eingängig und gut auf Konflikte anwendbar sind. Jene, die zerbrochene Beziehungen wiederherstellen möchten, werden feststellen, dass Vers 3 regelmäßig in ihren Ohren Nachhall findet:

> ... und eifrig bemüht seid, die Einheit des Geistes zu bewahren durch das Band des Friedens.

Zum Zusammenhang des Epheserbriefes gehört, dass Paulus sowohl Juden als auch Nichtjuden anspricht, die nun Teil von etwas Neuem geworden sind, was als „die Gemeinde" bezeichnet wird. Er schreibt vom „Geheimnis Christi" (Vers 4), das darin besteht, ...

> dass nämlich die Heiden Miterben und mit zum Leib Gehörige und Mitteilhaber seiner Verheißung sind in Christus durch das Evangelium (Eph 3,6).

Stell' dir vor, wie schwierig das für seine jüdischen Leser gewesen sein muss! Juden mit ihrer ausgeprägten ethnischen Identität wurden nun aufgefordert, sich mit „unreinen" Nichtjuden im Namen Christi abzugeben. Diese ersten Jahre der Integration müssen für die Gemeinde schwer gewesen sein. Moment mal – das trifft auch heute noch zu. Martin Luther King Jr. hatte Recht, als er sagte, dass die größte Segregation in Amerika sonntagmorgens stattfindet! Aber diese Beobachtung trifft nicht nur auf Amerika zu.

Denke einmal an deine eigene Ortsgemeinde. Die Glieder kommen wahrscheinlich aus allen möglichen Gemeinderichtungen. Du hast Gemeinschaft mit Leuten unterschiedlicher Altersgruppen, die sich auf verschiedenen körperlichen, emotionalen und geistlichen Reifeebenen befinden. Es gibt unterschiedliche Sichtweisen darauf, was eine Gemeinde sein sollte und welche Rolle die Gemeindeleitung hat. Zu guter Letzt gibt es womöglich auch noch unterschiedliche kulturelle und ethnische Hintergründe, die alle, wie in einem Schmelztiegel, zusammen kommen. Hört sich ganz nach einem Rezept für „Konflikteintopf" an, nicht wahr?

Oder denke einmal an deine Ehe. Du hast eine Person geheiratet, deren Persönlichkeit sich von deiner unterscheidet. Sie stammt aus einer anderen Familie. Sie hat wahrscheinlich andere Interessen als du. Du sagst vielleicht, „Das kannst du laut sagen!“ Wir befinden uns so ziemlich in derselben Situation, die Paulus bei der Gemeinde in Ephesus anspricht.

BEWEGGRÜNDE, UM MIT BEZIEHUNGEN ANDERS UMZUGEHEN

Paulus beginnt unseren Abschnitt, indem er uns dazu aufruft,

> ... dass ihr der Berufung würdig wandelt, zu der ihr berufen worden seid (Eph 4,1b).

Er bezieht sich zurück auf Kapitel 1 bis 3, wo er diese „Berufung“ deutlich erklärt hatte – nämlich wer wir laut Gott in Beziehung zu ihm und unserem Retter sind. Worum geht es Paulus? Es ist ziemlich logisch: Wenn du behauptest, eine Beziehung mit dem Gott des Universums zu haben und dass Christus das Haupt deines Lebens ist (so wie er das Haupt seiner Gemeinde ist, siehe 1,20–23), dann lebe auch dementsprechend. Siehst du, wir sind berufen, auf zwischenmenschliche Probleme in einer Weise zu reagieren, die sich merklich von der Reaktion der Welt unterscheidet. Dies ist aufgrund unserer neuen Beziehung zu Christus möglich.[3]

UNSERE STELLUNG IN CHRISTUS

Wenn wir nachempfinden, wie Paulus seine Schriften unterteilt hat, werden die Verse, die wir betrachten, eine größere Bedeutung für uns haben und uns helfen, sie richtig auf Konfliktlösung anzuwenden. In vielen seiner Briefe beginnt der Apostel mit Lehre, insbesondere dem Werk von Jesus Christus für Sünder, und spricht dann davon, wie diese Wahrheiten im Alltag anzuwenden sind. Man könnte das auch kategorisieren als „unsere Stellung in Christus" gefolgt von „dem Ausleben unserer neuen Stellung".

Schauen wir uns also Epheser 1 an, um zu sehen, was laut Paulus auf uns in Christus zutrifft bzw. was Gott für uns durch das Werk unseres Retters getan hat.

- Er hat uns in Christus mit jeder geistlichen Segnung in den himmlischen Regionen gesegnet (Vers 3).
- Er hat uns in Christus auserwählt vor Grundlegung der Welt (Vers 4).

---

[3] Ich verdanke Ken Sande diesen Gedanken.

- Er hat uns vorherbestimmt zur Adoption (Vers 5).
- In dem Geliebten (seinem Sohn) haben wir herrliche Gnade (Vers 6).
- In Christus haben wir Erlösung, ... die Vergebung unserer Sünden (Vers 7).
- Er hat uns mit dem Reichtum seiner Gnade überhäuft (Verse 7–8).

Obwohl diese Aufzählung keinen Anspruch auf Vollständigkeit erhebt, reicht sie aus, um unsere Herzen mit Ehrfurcht vor der Gnade Gottes zu erfüllen. Diese Liste zeigt zwar nur teilweise unsere Berufung im Evangelium auf, doch sie genügt völlig, um uns eine Idee davon zu vermitteln, wie wir in Zeiten des Konflikts würdig wandeln können. Mir gefällt, wie der Kommentator F.F. Bruce es auf den Punkt bringt, wenn er schreibt,

> Jene, die von Gott erwählt wurden, um mit Christus in den himmlischen Regionen zu sitzen, müssen sich vergegenwärtigen, dass es auch in ihrem Alltag um die Ehre Christi geht.[4]

---

[4] Francis Foulkes, *Ephesians, The Tyndale New Testament Commentaries* (Grand Rapids: Eerdmans, 1989), S. 116.

Wenn ich dich fragen würde, welche Worte dir in den Sinn kommen, wenn du den Begriff „Evangelium" hörst, würdest du hoffentlich viele der Dinge nennen, die oben bereits aufgezählt wurden. Vergebung, Gnade, Liebe, Barmherzigkeit und Versöhnung sind alle ein wesentlicher Bestandteil von Christi Erlösungswerk und sollten unser Denken füllen, damit wir richtig miteinander umgehen. Ken Sande sagt, „Christen sind diejenigen Menschen, denen mehr als allen anderen auf der Welt vergeben wurde. Darum müssen wir auch diejenigen Menschen sein, die anderen mehr als alle anderen auf der Welt vergeben."[5]

Gleichermaßen, wenn Christen die größte Gnade erwiesen wurde (Paulus redet davon, dass Gott uns seine Gnade "überströmend widerfahren ließ"), sollten wir die gnädigsten Menschen auf der Welt sein. Uns wurde die größte Barmherzigkeit zuteil, sodass wir auch am meisten Barmherzigkeit zeigen sollten. Gott hat so viel dafür getan, um zerbrochene Beziehungen wiederherzustellen, dass auch wir seinem Vorbild folgen und uns schwer ins Zeug legen sollten, um zerbrochene Beziehungen wiederherzustellen. In Christus nimmt uns der Vater in seine Familie auf. Demnach

---

[5] Ken Sande, *Sei ein Friedensstifter: Das Handbuch zur biblischen Konfliktlösung* (Augustdorf: Betanien, 2015), S. 245.

sollten auch wir dafür bekannt sein, dass wir andere aufnehmen.

VERSÖHNUNG IST DER KERN DES EVANGELIUMS

Ein Begriff verdient allerdings eine besondere Betonung – *Versöhnung*. Die Lehre der Versöhnung bezeugt, dass Gott in Christus wahrhaftig die Initiative ergriffen hat, um die Beziehung der gefallenen Menschheit mit sich selbst, dem Schöpfer, wiederherzustellen. Beachte zwei wichtige Wahrheiten und in welcher Relation sie zu den Spannungen in unseren zwischenmenschlichen Beziehungen stehen:

Gott ergriff die Initiative, um Sünder mit sich selbst zu versöhnen.

Wenn es an uns läge, würde es niemals zu Versöhnung kommen, weil es nicht in der Natur von Sündern liegt, sich auf Gott zuzubewegen (Röm 3,11). Doch Gott lag so viel an der zerbrochenen Beziehung zu seiner Schöpfung, dass er die Initiative ergriff. Er hat sich auf uns zubewegt. In angespannten Beziehungen passiert es sehr leicht, dass man die Spannung einfach hinnimmt und versucht, damit zu leben. Wenn du demnach dazu neigst, dich von jemandem zu distanzieren, zeigt das, dass du keinen evangeliumsorientierten Ansatz verfolgst, um die Spannung in deinen Beziehungen zu überwinden.

Versöhnung geschah durch ein großes persönliches Opfer.

Gott der Vater hat sein Bestes gegeben. Er gab seinen Sohn. Beide erlitten große persönliche Einbußen, um unsere Beziehung wiederherzustellen und uns von unserer Sünde zu retten. Das gleiche Prinzip trifft wahrscheinlich auch auf dich zu. Wir zeigen, was eine Beziehung uns wert ist, durch das, was wir bereit sind, dafür zu opfern.

Da Gott sich in Christus auf dich, einen Sünder, zubewegt hat, stellt sich dir die folgende entscheidende Frage: Wirst du dich zu ihm hinbewegen? Er lädt dich ein, der Botschaft bezüglich seines Sohnes, der der Retter der Welt ist, zu glauben, indem du zugibst, dass du gegen seine Absichten rebelliert hast. Wie wäre es, wenn du in dich gehst und zugibst, dass du Jesus Christus als Retter brauchst, ehe wir uns Gedanken darüber machen, wie der Epheserbrief auf Konfliktlösung anzuwenden ist? Demütige dich vor ihm, indem du deine Sünde bekennst und ihm dafür dankst, dass er gestorben ist, um die Strafe für diese Sünde zu bezahlen und dann wieder auferstanden ist, damit du neues Leben haben kannst (siehe Röm 10,9–13; Römer 6 und 1Kor 15,1–3, um zu sehen, was wir laut Gott glauben müssen und was passiert, wenn wir demütig zugeben, dass wir Rettung nötig haben). Wenn Jesus Christus der Herr deines Lebens wird, hast du ganz neue Möglichkeiten zur Veränderung der Art und Weise, wie du Beziehungen angehst. Darüber wollen wir als nächstes nachdenken.

3.
EINE FRAGE DER EINSTELLUNG

Fragst du dich, warum jemand so ungeduldig mit dir ist? Oder vielleicht fragst du dich, „Warum ist er oder sie so schroff?" Aber die viel bessere Frage ist eigentlich, warum *du* mit bestimmten Leuten so ungeduldig bist. Warum schlägst *du* einen schroffen Ton an? Wir sind im Begriff, diese Fragen zu beantworten, doch zuerst müssen wir verstehen, warum Paulus Epheser 4 mit einer Aufzählung von Charaktereigenschaften einleitet (4,2).

Für die Einleitung des Abschnitts über „gute Werke" (Kapitel 4–6; siehe 2,10) entschied sich Paulus ausgerechnet dafür, uns zunächst die Realität vor Augen zu halten, dass sich unsere Beziehung mit Christus auf alle unsere zwischenmenschlichen Beziehungen auswirken sollte. Als ich früher an „gute Werke" dachte, fielen mir stets Dinge ein wie Sonntagschule unterrichten, Jugendarbeit leiten, bei Hausevangelisation mitmachen und Geld für Arme spenden. Doch diese Dienstaktivitäten stehen bei Paulus' Aufzählungen guter Werke nicht an erster Stelle. Er beginnt mit Charaktereigenschaften, die in unseren zwischenmenschlichen Beziehungen zum Tragen kommen und durch das Evangelium geprägt werden sollten. Er sagt uns, dass wir sanftmütig, demütig, geduldig und mit anderen nachsichtig sein sollen. Das bringt uns dazu, wichtige Fragen wie die obigen zu stellen: „Warum bin ich in meinen Beziehungen im Allgemeinen nicht sanftmütig bzw. besonders dann nicht, wenn es zu Konflikten kommt?“ Oder „Warum neige ich dazu, Leute einfach abzuschreiben, anstatt ihre Schwächen zu ertragen?“

Man ist versucht zu antworten, „So bin ich halt. Ich bin schon immer etwas schroff rübergekommen.“ Wenn wir uns mit dieser Antwort zufriedengeben, sagen wir im Grunde, „Du musst mich einfach so annehmen, wie ich bin. Ich bin halt kein sanftmütiger Typ!“ oder „Ich bin halt nicht überaus geduldig“. Wir alle haben – Gott sei Dank – unterschiedliche Persönlichkeiten, doch die Ansicht der Welt zu übernehmen, dass unser Charakter unveränderbar ist, bedeutet letztendlich, die Lehre der „progressiven Heiligung“ zu verneinen – jene Lehre, die erklärt, wie wir wachsen und uns so verändern, dass wir Christus ähnlicher werden, was ja Gottes Ziel für uns ist (Röm 8,29).[6]

Es ist gut möglich, dass du den Hang zu Neigungen hast, die den von der Schrift geforderten Charaktereigenschaften widersprechen, aber das heißt noch lange nicht, dass du keine Veränderung erfahren kannst. Veränderung ist durch die Kraft des Evangeliums und des Heiligen Geistes möglich, den Jesus gesandt hat, um in den Gläubigen zu wohnen.

UNSER DENKEN ÜBER GOTT, UNS SELBST UND ANDERE ÄNDERN

Veränderung beginnt in unserem Inneren, auf der Ebene unseres Verlangens, unserer Beweggründe und Einstellungen. Diese Veränderung wirkt dann von innen nach außen und hat Auswirkung auf unser Handeln. Der Herr ist stets in erster Linie daran interessiert, unseren inneren Menschen zu verändern anstatt

[6] Wayne Grudem definiert progressive (fortschreitende) Heiligung als das „fortschreitende Werk Gottes und des Menschen, das uns immer mehr von der Sünde befreit und uns Christus in unserem wirklichen Leben immer gleichförmiger macht." *Biblische Dogmatik: Eine Einführung in die systematische Theologie* (Bonn / Hamburg: VKW / arche-medien, 2013), S. 827.

unser äußeres Verhalten. Das bedeutet nicht, dass Gott nicht an unserem Verhalten interessiert ist. Das ist er ganz bestimmt! Doch da er uns geschaffen hat, weiß er auch, wie wir funktionieren. Jesus macht somit in Markus 7,21–23 deutlich,

> Denn von innen, aus dem Herzen des Menschen, kommen die bösen Gedanken hervor, Ehebruch, Unzucht, Mord, Diebstahl, Geiz, Bosheit, Betrug, Zügellosigkeit, Neid, Lästerung, Hochmut, Unvernunft. All dieses Böse kommt von innen heraus und verunreinigt den Menschen.

Um unsere Betrachtung der von Paulus in Epheser 4 aufgezählten Charaktereigenschaften fortzusetzen, werden wir noch die Aufzählung des Paulus aus Kolosser 3 heranziehen, ein Kapitel, das klare Parallelen zu Epheser 4 aufweist. Dort erwähnt er viele derselben Charaktereigenschaften, ergänzt diese aber noch durch einige andere. Zusammengenommen vermitteln uns die beiden Kapitel also einen guten Einblick in die Charaktereigenschaften, die für gesunde Beziehungen notwendig sind. Sie entsprechen genau den Eigenschaften, die wir auch entwickeln sollen, wenn wir unser Leben der Herrschaft Christi unterstellen.

Neben der von der *Schlachter 2000* gebrauchten Übersetzung der jeweiligen Eigenschaft werde ich eine

Definition aus einem griechischen Standardlexikon anfügen.[7]

1. **Demut** bezieht sich auf eine Einstellung der Niedrigkeit – von demütiger Gesinnung sein. Viele glauben, dass Paulus selbst diesen Begriff geprägt haben könnte, da Demut ein ausgesprochen christliches Charaktermerkmal war. Demut war so ziemlich das Gegenteil von dem, was in seiner zeitgenössischen griechischen Kultur wertgeschätzt wurde. Diese Gesinnung der Niedrigkeit bedeutet, sich selbst in der rechten Beziehung zu anderen als Diener zu betrachten und in der rechten Beziehung zu Gott als ihm untertan. Diese Geisteseinstellung führt dazu, dass man andere höher achtet als sich selbst.

2. **Sanftmut** beschreibt „kontrollierte Stärke" bzw. „beherrschte Macht". Unser Herr hat sich selbst als „sanftmütig" beschrieben, doch er war bestimmt nicht schwach (Mt 11,29). Seine „im Zaum gehaltene Stärke" wird deutlich, wenn wir darüber nachdenken, was er erduldet hat, als er für unsere Sünde litt. Er hätte Engel herbeirufen können, um

[7] Alle Definitionen wurden William Arndt und F. Wilbur Gingrich englischer Auflage von *A Greek-English Lexicon of the New Testament* (Grand Rapids: Zondervan, 1963) entnommen.

ihm zu helfen, doch das tat er nicht (Mt 26,53). Dies war ein Beweis für seine Sanftmut.

3. **Langmut** bzw. Geduld ist die Fähigkeit, „dem Zorn fernzubleiben“ bzw. „eine lange Zündschnur zu haben“.

4. **Einander in Liebe ertragen** bedeutet zu erdulden, „etwas hinnehmen“ bzw. „sich etwas gefallen lassen“. Das ist das Resultat biblischer Liebe. Es könnte auch mit Nachsicht bzw. Nachsichtigkeit übersetzt werden. Da „Toleranz“ in unserer Gesellschaft oft falsch gebraucht wird, müssen wir deutlich machen, dass wir sogar eine Person tolerieren können, wenn wir mit ihr nicht übereinstimmen.

5. **Herzliches Erbarmen,** was Mitleid oder Mitgefühl haben bedeutet. Es ist ein Empfinden von innerem Schmerz für andere und wird in Matthäus 9,36 in Bezug auf unseren Herrn gebraucht: „Als er aber die Volksmenge sah, empfand er Mitleid mit ihnen, weil sie ermattet und vernachlässigt waren wie Schafe, die keinen Hirten haben.“

6. **Freundlichkeit** bedeutet, anderen gegenüber zu ihrem Nutzen großzügig zu sein.

7. **Hingabe** findet sich zwar in keiner der beiden Aufzählungen wörtlich wieder, doch der Gedan-

ke durchtränkt die Verse durch den Gebrauch des Wortes „ertragen" sowie aufgrund der Formulierung „eifrig bemüht seid, die Einheit des Geistes zu bewahren durch das Band des Friedens". Unsere Nachsicht miteinander beruht auf der anhaltenden Geduld des Herrn mit uns Gläubigen, die wir immer noch lernen, Konflikte aufzuarbeiten, anstatt vor ihnen davonzulaufen. Es ist ermutigend und erwähnenswert, dass dieselben Charaktereigenschaften in der Schrift gebraucht werden, um einige Glieder der Dreieinigkeit zu beschreiben (Röm 2,4; Mt 11,29). Wenn wir in diesen Bereichen wachsen, werden wir buchstäblich „gottesfürchtiger" bzw. Christus ähnlicher, weil das Evangelium einen Unterschied in unserem Leben macht.

EIN BLICK AUF DIE GEGENTEILE

Für unsere Zwecke ist es auch wichtig, über die gegensätzlichen Charaktereigenschaften nachzudenken und wie jede davon unsere angespannten Beziehungen zusätzlich komplizierter macht. In jedem dieser Bereiche werde ich zu einigen Fragen anregen, die du dir selbst hinsichtlich deiner Beziehungen stellen kannst.

1. **Stolz** ist das Gegenteil von Demut. Er beschreibt zunächst positiv „Hochsinnigkeit“ bzw. „Edelmut“, der sich negativ als „Hochnäsigkeit“ bzw. „Arroganz“ äußern kann. Wir machen uns alle dessen schuldig, dass wir uns selbst höher achten, als wir sollten. Was bewirkt Stolz in einer angespannten Beziehung? Was fällt dir dazu ein? Mir kommt eine Person in den Sinn, die sich hartnäckig weigert, ein von ihr begangenes Unrecht zuzugeben. Ich stelle mir dabei jemanden vor, der auf stur schaltet und auf seinem Standpunkt beharrt. Ich denke an eine Person, die unbedingt das letzte Wort haben muss oder die nicht wirklich auf das hört, was die andere Person zu sagen hat, sondern nur darauf wartet, bis diese ausgeredet hat, sodass sie ihren Senf dazugeben kann, den sie für wichtiger hält. Diese Art von Einstellung lässt Konflikte nur eskalieren. Unser demütiger Heiland hilft uns bei dem Prozess, uns selbst zu sterben und andere für höher bzw. wichtiger zu erachten als uns selbst (Phil 2,3).

2. **Härte** bzw. Schroffheit ist das Gegenteil von Sanftmut. Was passiert normalerweise, wenn du mit anderen schroff redest, sie rau anfährst? Entweder zieht sich die Person zurück, weil es gefährlich ist, mit dir zu reden, oder sie reagiert womöglich

umgekehrt und wird laut, weil sie dir zu verstehen geben will, dass sie sich so einen Ton von dir nicht gefallen lässt. Das scheint mir besonders häufig auf Männer zuzutreffen. Scheinbar haben viele Männer einen rauen Umgangston mit ihrer Frau und ihren Kindern. Gott hat Männern von Natur aus eine tiefere, dröhnendere Stimme gegeben, sodass es leicht passiert, dass sie sie missbrauchen. Der Herr möchte nicht, dass wir Männer Raubeine sind, die so mit ihren Frauen und Kindern umspringen. Christus starb am Kreuz, um uns u. a. davon zu befreien, für uns selbst zu leben (2Kor 5,15). Dazu gehört auf jeden Fall auch, dass wir lernen, sanftmütig zu sein bzw. vorzuleben, wie „Stärke unter Kontrolle" aussieht.

3. **Ungeduld** stellt für viele ein Problem dar. Wenn jemand ungeduldig ist, ist er kein guter Zuhörer. Wenn eine Person ungeduldig ist, wird sie sich nicht die Zeit nehmen, die andere Person wirklich ausreden zu lassen. Hier sollte man ruhig noch etwas tiefer graben. Warum bist du ungeduldig? Warum schlägst du einen rauen Ton an? Warum hältst du deine Meinung für so wichtig? Damit uns der Herr wirklich von innen heraus verändern kann, dürfen wir der Lüge der Welt keinen Glauben schenken, die besagt, dass das an unseren Ge-

nen oder an unserer Persönlichkeit liegt. Wenn es sich dabei um Lügen handelt, von denen wir uns abwenden müssen, was ist dann die Wahrheit, mit der wir die Lüge in unserem Verstand ersetzen müssen? Wir werden diese Frage weiter unten beantworten.

4. **Intoleranz** ist mangelnde Gnade anderen gegenüber. Fühlst du dich zu schnell von anderen in deinen Gefühlen verletzt? Tritt man dir schnell auf die Füße? Vor Jahren habe ich mal gehört, wie jemand das als „große Zehen haben" beschrieb. Hast du eine zu dünne Haut und bist leicht verletzlich – nicht nur durch die Bemerkungen, sondern vielleicht schon durch einen Blick anderer? Je reifer wir in Christus werden, umso nachsichtiger sollten wir auch sein. Unsere Zehen sollten schrumpfen. Es sollte schwieriger sein, einen reifen Christen zu verletzen. Etwas später werden wir noch ansprechen, wie du anderen gegenüber toleranter werden kannst, indem du biblische Prinzipien zur Verminderung zwischenmenschlicher Spannungen umsetzt.

5. **Hartherzigkeit** beschreibt eine gefühllose Einstellung gegenüber anderen. Wann konntest du zum letzten Mal den tiefen Schmerz von jemandem mit-

fühlen und nachempfinden? Eine noch wichtigere Frage aus meiner Sicht wäre, „Warum kannst du den Schmerz anderer nicht nachempfinden?“ Ein solcher Mensch könnte eher als hartherzig anstatt als weichherzig bezeichnet werden. „Distanziert“ beschreibt es vielleicht noch besser. In Römer 12,15 wird uns gesagt, „Freut euch mit den Fröhlichen und weint mit den Weinenden!“ Was hält dich davon ab, zu weinen? Hier nochmals die Warnung, dass wir uns nicht einfach damit herausreden können, dass wir von unserer Persönlichkeit her einfach nicht so gestrickt sind. Wenn diese Prinzipien wahr sind, dann müssen wir davon ausgehen, dass unser Herr uns beibringen möchte, wie wir weichherziger werden können.

6. **Unfreundlichkeit** ist offensichtlich das Gegenteil von Freundlichkeit. Das überschneidet sich etwas mit dem Punkt Schroffheit, doch oft macht sich Unfreundlichkeit durch unfreundliche Handlungen bemerkbar. Es gibt immer mal wieder die Versuchung, eine gemeine Email zu schreiben oder über die Person, mit der du dich in einem Konflikt befindest, herzuziehen. Du wendest vielleicht ein und sagst dir, „Wenn es okay ist, dass er so mit mir umspringt, dann habe ich das Recht, mich zu verteidigen.“ Gleich werden wir darüber nachdenken,

warum wir oft glauben, uns verteidigen zu müssen, wenn es zu Konflikten kommt. Doch lass uns an dieser Stelle einmal kurz über das Konzept von „Rechte“ sprechen.

In Philipper 2,3–4 steht,

> Tut nichts aus Selbstsucht oder nichtigem Ehrgeiz, sondern in Demut achte einer den anderen höher als sich selbst. Jeder schaue nicht auf das Seine, sondern jeder auf das des anderen.

Wenn du die Person, mit der es zu Spannungen gekommen ist, tatsächlich höher achtest als dich selbst und nach ihren Interessen Ausschau hältst, was passiert dann mit deinen „Rechten“? Wir müssen oftmals in Bezug auf unsere „Rechte“ sterben, um das umzusetzen, was die Schrift befiehlt und was unser Herr uns als Diener vorgelebt hat. Wenn wir wirklich treu dem Herrn folgen, müssen wir Diener sein, so wie er es uns vormachte, als er seinen Jüngern die Füße wusch (Joh 13,1–14). Was sind einige der „Rechte“, die du für dich in Anspruch nimmst? Frag dich, „Worum geht es im Grunde bei der Spannung in dieser Beziehung und was glaube ich, im Zusammenhang mit dieser Spannung verdient zu haben?“ Hier sind zwei Beispiele, eins für Männer und eins für Frauen:

Als *Ehemann* kommst du vielleicht nach einem langen Arbeitstag nach Hause, wo große Unordnung herrscht und wo die Kinder laut herumkreischen. Du fragst dich „Was hat sie den ganzen Tag gemacht? Warum müssen die Kinder so laut sein? Warum kann ich nicht einmal meine Ruhe haben?" Was dein Herz damit wirklich sagt, ist „Ich verdiene meine Ruhe nach einem langen Arbeitstag!" Anders ausgedrückt, deine Ruhe ist zu einem „Recht" geworden, das du glaubst, verdient zu haben.

Wie sieht es als *Ehefrau* denn damit aus, wenn dein Mann nach Hause kommt und er sich geistig ausklingt, während du dich den ganzen Tag um die Kinder kümmern musstest? Vielleicht bist du versucht, zu denken, „Er liebt mich nicht wirklich. Wenn er es täte, würde er auf die Kinder aufpassen oder sich hinsetzen und mit mir reden. Ich habe mich den ganzen Tag mit den Kindern abgegeben und hätte gern, dass er mir seine Aufmerksamkeit schenkt." Merkst du, wie du evtl. glauben könntest, dass du ein Recht auf eine Unterhaltung auf Erwachsenenniveau hast oder ein Recht auf Entspannung, das er dir vorenthält, indem er nicht auf die Kinder aufpasst?

Damit Konflikte gelöst werden können, müssen wir lernen, wie wir andere höher achten können als uns selbst, indem wir dem Vorbild des Herrn folgen. So eine Einstellung führt oft zu einer Entspannung der angespannten Beziehung.

7. **Mangelnde Hingabe** zeigt sich in der Bereitschaft, zuzulassen, dass Beziehungen verkümmern bzw. ausdörren. Das könnte auf die Frustration darüber zurückzuführen sein, dass man einfach nicht weiß, wie man zwischenmenschliche Probleme lösen kann. Oder vielleicht herrscht die Einstellung vor, „Beziehungen können so frustrierend sein. Warum ist das nicht einfacher!?" Oder vielleicht geht dem einem der Gedanke durch den Kopf, „Wenn er so sein will, muss ich halt damit leben; ich habe zu viel um die Ohren, um mich damit auseinander zu setzen." Doch stelle dir bitte die Frage, wie es dir wohl ergehen würde, wenn der Herr dieselbe Einstellung in Bezug auf seine Beziehung mit dir hätte. Liegen dir Beziehungen so sehr am Herzen, dass du bereit bist, Probleme anzugehen und Versöhnung anzustreben? Es ist vielleicht recht strapaziös und es erfordert viel, doch ich garantiere dir, dass es sich lohnt. In den meisten Fällen werden Beziehungen gestärkt, wenn die Betroffenen ihren Konflikt austragen.

Manchmal kommen die Betroffenen auch zu der Erkenntnis, dass ihre Ansprüche an die Beziehung unrealistisch gewesen sind und dass, obwohl sie die für die Spannung verantwortlichen Probleme angehen, die Freundschaft nicht wieder vollständig hergestellt werden kann. Hier denke ich insbesondere an eine Liebesbeziehung vor der Ehe, wo Spannungen auftreten und das Pärchen merkt, dass die Beziehung als solche nicht gesund ist. Möglicherweise hat man gar biblische Prinzipien zur Versöhnung angewendet, doch die Beziehung kann trotzdem nicht wiederhergestellt werden. Vielleicht beenden sie sogar ihre Liebesbeziehung, haben danach aber eine gesündere und realistischere Beziehung als Bruder und Schwester in Christus.

An diesem Punkt mag es ziemlich entmutigend sein, ehrlich mit dir selbst zu sein und zuzugeben, dass es dir schwerfällt, einige der oben erklärten tugendhaften Charaktereigenschaften an den Tag zu legen. Außerdem siehst du mittlerweile vielleicht deutlicher, welche der gegenteiligen Charaktereigenschaften in deinem Leben anzutreffen sind und was sie zu den Konflikten beigetragen haben, in denen du dich zurzeit befindest.

Lass mich nochmals darauf hinweisen, dass die Kraft der Veränderung im Evangelium verankert ist und dass dein Retter gekommen ist, um jene zu heilen, die „zerbrochenen Herzens sind" (Jes 61,1). Bitte sei bereit, die Dinge so anzugehen, wie der Herr es für richtig hält, selbst wenn es schmerzlich ist, deinen Anteil an dem Problem zuzugeben. Dann wirst du sehen, wie Gott diese schwierigen Umstände, in denen du dich befindest, gebrauchen kann, um seine Absichten zu erfüllen (die meistens unseren Verstand übersteigen, siehe Röm 8,28; Eph 3,20–21).

WARUM FÄLLT ES SO SCHWER, DIESE CHARAKTEREIGENSCHAFTEN AUSZULEBEN?

Vorhin habe ich die Frage gestellt, was wohl der Grund dafür sein könnte, dass uns einige dieser Charaktereigenschaften Probleme bereiten. Es stimmt zwar, dass genetische Veranlagung und prägende Einflüsse bei der Persönlichkeitsentwicklung eine Rolle spielen, aber wir müssen etwas tiefer schürfen, um in Erfahrung zu bringen, was die Schrift lehrt. Denke daran: Wenn du die Einstellung hast, dass andere dich einfach so akzeptieren müssen, wie du bist, dann glaubst du nicht wirklich, was die Schrift darüber sagt, wie wir Christus ähnlicher werden können (2Kor 3,18). Damit hemmst du auch dein Potenzial für gesündere Beziehungen. Wenn wir uns damit befassen möchten, warum wir uns mit diesen Charaktereigenschaften so schwertun, müssen wir das große Ganze der Bibel genauer in den Blick nehmen. Das ist Gegenstand des nächsten Kapitels.

4.
JESUS UND DER KERN DES KONFLIKTS

Im Gespräch mit den religiösen Führern seiner Zeit machte unser Herr sehr deutlich, dass der Ton, den wir anschlagen, in einem direkten Verhältnis zum Zustand unseres Herzens steht. Achte in den nachfolgenden Versen auf die direkte Verbindung zwischen dem Mund und dem Herzen. Beachte zudem, dass „Schatz" ein anderes Wort für „Herz" ist. Das wird später noch in unserer Betrachtung von Bedeutung sein. Jesus sagte,

> Schlangenbrut, wie könnt ihr Gutes reden, da ihr böse seid? Denn wovon das Herz voll ist, davon redet der Mund. Der gute Mensch bringt aus dem guten Schatz des Herzens das Gute hervor, und der böse Mensch bringt aus seinem bösen Schatz Böses hervor (Mt 12,34–35).

Bei der Betrachtung der Charaktereigenschaften tauchte immer wieder das Thema des Umgangstons auf, den wir bei anderen anschlagen. Dabei wurden Worte wie „Schroffheit" und „Ungeduld" verwendet.

Du könntest aber auch dazu neigen, *dich zu verschließen* und kein Wort mehr zu sagen, wenn du spürst, dass sich Spannungen in einer Beziehung anbahnen. Genauso wie es Gründe dafür gibt, ungehalten zu werden, so gibt es auch Gründe für die Entscheidung, nichts zu sagen und sich während während eines Konflikts evtl. von anderen zurückzuziehen.

DEFINITION DES HERZENS

Dieses Thema ist von größter biblischer Bedeutung und unglaublich wichtig für unsere Erörterung. Das Konzept des Herzens wird über eintausend Mal in der Schrift angesprochen. Das Wesen des Herzens so zu verstehen, wie es in der Schrift dargelegt wird, ist für unser Leben also überaus entscheidend. Stell dir einmal jemandem mit einer Wunde vor, die einfach nicht verheilt, obwohl er wiederholt Salbe aufgetragen hat. Natürlich ist es sinnvoll, zu versuchen, die Wunde zu heilen, aber wäre es nicht besser, herauszufinden, warum sie nicht heilt? Nach einigen Untersuchungen stellt man vielleicht fest, dass die betreffende Person eine Art von Krebs hat, die nicht nur auf der Hautoberfläche, sondern viel tiefer behandelt werden muss. So verhält es sich auch mit uns: Solange man sich nicht erst um die tieferliegenden Herzensangelegenheiten kümmert, wird es nicht zur Heilung kommen und neue Wunden werden immer wieder auftreten.

WAS IST ALSO DAS HERZ AUS BIBLISCHER SICHT?

Ein theologisches Lexikon definiert das Herz als den

> bedeutungsreichsten biblischen Begriff für die Gesamtheit des inneren bzw. immateriellen menschlichen Wesens ... Die drei traditionellen Persönlichkeitsfunktionen des Menschen; Gefühl, Verstand oder Wille.[8]

Im Neuen Testament hat „das Herz" im Grunde dieselbe Bedeutung.

Zusammenfassend ist das Herz deine innere, immaterielle Persönlichkeit, die sich aus deinem Gedankenleben, deinen Gefühlen und deinem Willen zusammensetzt. Das heißt, dass dein Gedankenleben dein Herz offenbart. Deine Gefühle sagen ebenfalls etwas über dein Herz aus. All dies wird noch wichtiger, wenn wir Sprüche 4,23 ernst nehmen:

---

[8] Andrew Bowling, *Theological Wordbook of the Old Testament*, Band 1; „Lev" (Chicago, Illinois: Moody, 1980), S. 466.

> Mehr als alles andere behüte dein Herz; denn von ihm geht das Leben aus.

Aus biblischer Sicht steht fest, dass das Herz unser ganzes Handeln beeinflusst – einschließlich unseres Umgangs mit Konflikten.

Hebräer 4,12 sagt uns sehr deutlich, dass unser Herz über „Gedanken und Gesinnungen" verfügt. Dieser Vers veranschaulicht das Gedankenleben und den Willen. Wenn es also zutrifft, dass dein Herz deinen Verstand, deine Gefühle und deinen Willen umfasst, solltest du darüber beten und schauen, ob du in deinen Konflikten bestimmte Denk-, Entscheidungs- und Gefühlsmuster erkennen kannst, um herauszufinden, was in deinem Herzen wirklich vor sich geht. Anders ausgedrückt: Dein Gedankenleben gibt dir Auskunft darüber, wo dein Herz sich während eines Konflikts tatsächlich befindet. Deine Entscheidungen offenbaren den wahren Fokus deines Herzens (entschließt du dich z. B. dazu, Menschen, über die du dich ärgerst, zu vermeiden?) und deine Gefühle geben einen tiefen Einblick in das, was sich im Inneren abspielt (hast du z. B. Angst vor dem, was eine Person sagen könnte, wenn du deine Bedenken äußerst?).

Da es beim Herzen auch um Gedanken, Gesinnungen und den Willen geht, ist es verständlich, dass es Dinge gibt, die mein Herz will. Ich denke über die Dinge nach, die ich *will*. Ich treffe Entscheidungen hinsichtlich der Dinge, die ich *will* und meine Gefühle regen sich besonders stark, wenn ich das, was ich *will*, nicht bekomme. Ein anderes Wort für das, was ich will, ist *Verlangen*.

ALLES DREHT SICH UM ANBETUNG

Wenn ich etwas anbete, schreibe ich dieser Sache einen besonderen Wert zu. Wir wollen nun ein paar Fragen stellen, die aufdecken, welcher Sache wir Wert beimessen: In den Dienst welcher Sache stelle ich mich? Welcher Sache gebe ich mich hin? Wovor sollten sich andere meiner Meinung nach verbeugen? Was liebe ich? Worüber rede ich? Wofür bin ich bereit, Opfer zu bringen?

Weiter oben haben wir bereits gesehen, dass in Matthäus 12 das Wort „Schatz" in Verbindung mit dem Wort „Herz" gebraucht wird. Mein inneres Wesen wird sowohl als „Herz" als auch als „Schatz" bezeichnet. Woran sieht man, dass jemand etwas wertschätzt? Der Fragenkatalog ist mit jenem identisch, den wir bereits zuvor aufgeführt haben. Der Herr möchte Herr über unseren Verstand, unseren Willen und unsere Gefühle sein. Aufgrund des Evangeliums verwandelt er meinen Verstand, meinen Willen und meine Gefühle so, dass sie den seinen gleichen. Diese Herrschaft beginnt im Herzen (Verstand, Wille, Gefühle) und das Herz ist der Ort, wo meine Schätze zuhause sind. Was sagen deine Gedanken, deine Entscheidungen und deine Gefühle also darüber aus, wer oder was wirklich der Herr deines Lebens ist? Was ist dir kostbar?

Unser Leben soll eine einzige anhaltende Anbetungshandlung sein: Ob wir nun essen oder trinken oder sonst etwas tun – wir sollen alles zur Ehre Gottes tun (1Kor 10,31). Der Herr soll derjenige sein, dem wir in erster Linie dienen wollen, dem wir uns hingeben, vor dem wir uns verneigen, dem wir Liebe erweisen, über den wir reden und für den wir Opfer bringen. Er soll unser größter Schatz sein.

DEN HERZENSFOKUS ÄNDERN

Vielleicht merkst du nun, dass dein Herz am falschen Platz ist. Doch es gibt Hoffnung! Du kannst Veränderung erfahren! Oft sage ich den Teilnehmern meiner Seelsorgeseminare, „Wenn falsche Anbetung das Problem ist, dann ist wahre Anbetung die Lösung." Anders ausgedrückt: Finde heraus, was das Gegenteil der falschen Anbetung ist und fange an, es zu leben. Somit wird die falsche Anbetung durch wahre Anbetung ersetzt. Manchmal geht das ziemlich schnell vonstatten, doch meistens geschieht es über einen längeren Zeitraum hinweg.

Wir wollen nun drei gängige Herzensmotive untersuchen, die Konflikte nähren: Das Leben für die Anerkennung anderer, der Wunsch nach Kontrolle und die Liebe zur Bequemlichkeit.

Leben, um Menschen zu gefallen: Die Meinung anderer über der des Herrn wertschätzen

Die Person mit diesem Herzensmotiv wird sich bei Konflikten davor scheuen, zu reden, oder wird nur Dinge sagen, um anderen zu gefallen. So eine Person kann sich verzehren in Sorge darum, was eine andere Person wohl denken könnte. Die Gedanken sind voll von: „Was denken sie wohl von mir, wenn ich wirklich sage, was ich glaube?" Doch anstatt zu reden, verschließt sich diese Person möglicherweise.

Der Wunsch nach Kontrolle: Anderen deinen Willen aufzwingen

Das Gedankenleben dieser Person könnte von Dingen beherrscht sein wie, „Wie kann ich andere dazu bewegen, das zu tun, was ich von ihnen erwarte?" Eine solche Person könnte womöglich witzeln, „Wenn alle nach meiner Pfeife tanzen würden, würde sich diese Welt reibungsloser drehen!" Diese Person ist verärgert, wenn ihre Pläne nicht umgesetzt werden oder wenn ihre Meinung nicht die Beachtung findet, die sie glaubt, verdient zu haben. Für sie scheint das Leben dann „außer Kontrolle" zu geraten. Alle Aufforderungen dieser Person an andere werden als Befehl aufgefasst. Der Tonfall ist oft recht schroff.

Die Liebe zur Bequemlichkeit: Entspannung und ein problemfreies Leben höher schätzen als die Realität, dass Konflikte zum Leben gehören

Die Person, die mit solchen Motiven im Herzen zu kämpfen hat, betrachtet Konflikte normalerweise als lästige Unannehmlichkeiten, weil sie sich einfach ein vergnügliches und entspanntes Leben wünscht. Diese Person denkt womöglich über den anderen, mit dem sie sich im Konflikt befindet, „Warum kann er sich nicht einfach entspannen, anstatt so viel Wind um alles zu machen?“

Jedes dieser Herzensmotive weist auf eine falsche Anbetung hin, weil stets etwas höher geschätzt wird als der Herr. Sie entsprechen nicht den Reaktionen eines Menschen, der den einzig wahren und lebendigen Gott anbetet.

Es könnte viel darüber gesagt werden, wie man jedes dieser Herzensmotive im Einzelnen bekämpft, doch sie haben alle eines gemeinsam: Sie haben ein eingeschränktes Bild von dem HERRN.[9] Derjenige, der es darauf anlegt, Menschen zu gefallen, ist mehr darauf bedacht, was andere denken, als darauf, was sein HERR denkt. Der Kontroll-Freak ist versessen darauf, das Leben unter Kontrolle zu behalten, und vergisst dabei ganz, dass es einen souveränen HERRN gibt, dem auf dieser Welt nichts entgleitet und dem wir vertrauen sollen. Derjenige, der nur auf Bequemlichkeit und Harmonie bedacht ist, hat eine enge Lebensperspektive. Wenn er einen erweiterten Blick gewinnen könnte von dem, worum es im Leben vor dem Herrn wirklich geht, dann wäre er nicht so sehr auf Ent-

[9] HERR (in Großbuchstaben) wird an dieser Stelle im alttestamentlichen Sinn gebraucht: Der einzig wahre und lebendige Gott im Gegensatz zu Götzen.

spannung bedacht und würde nicht alles aus einem übersteigerten Ruhebedürfnis angehen.

Alle drei dieser falschen Anbetungshaltungen lassen sich grundsätzlich damit bekämpfen, dass wir unseren Herrn dafür anbeten, wie er in seiner Größe tatsächlich ist. Ich meine wirklich *anbeten*. Wohlgemerkt, ich habe nicht gesagt, „über Anbetung lesen". Ich habe *anbeten* gesagt. Das beinhaltet, dass wir darüber meditieren (nachsinnen), davon singen, uns darüber freuen, darüber beten, dafür dankbar sind und darüber lesen, wie groß unser HERR wirklich ist. Es gibt alle möglichen Werkzeuge, die Gott uns gegeben hat, um dies zu tun, einschließlich der Schrift, geistlicher Liederbücher, Theologiebücher und der Schöpfung. Doch der Schlüssel ist hierbei, Gott *tatsächlich* anzubeten, anstatt einfach nur etwas über ihn zu lernen. Was wird deinem hartnäckigen Verlangen ein Ende setzen? Es geht darum, das sündige Verlangen durch die Kraft des Heiligen Geistes mit einem erhabenen Verlangen zu ersetzen, und das geschieht, wie ich glaube, durch Anbetung. Wenn falsche Anbetung das Problem ist, dann ist richtige Anbetung die Lösung!

Es ist zweifelsohne auch eine Anbetungshandlung, wenn wir genau das tun, was Gott von uns erwartet. Wir haben gesehen, dass er uns in Epheser 4 sagt, was das ist.

HANDLUNGEN, DIE DIE EINHEIT DES GEISTES BEWAHREN

Paulus schreibt in Epheser 4,3, dass alle Gläubige (nicht nur die Gemeindeverantwortlichen)

> ... eifrig bemüht [sein sollen], die Einheit des Geistes zu bewahren durch das Band des Friedens.

Denken wir einmal ein wenig genauer darüber nach. „Eifrig bemüht sein" bedeutet „jede Anstrengung unternehmen". Der Ausdruck befindet sich in der griechischen Vorlage in der Gegenwartsform. Das weist darauf hin, dass Paulus zum Ausdruck bringen will: „Unternehmt fortwährend jede Anstrengung, um die Einheit des Geistes durch das Band des Friedens zu bewahren." Anders ausgedrückt: Wir sollten bis zur Erschöpfung gehen bei dem Versuch, Frieden zu bewahren bzw. den Frieden, der aufgrund eines Konflikts gestört wurde, wiederherzustellen.

Wir haben bereits gesehen, dass unser Herr sehr viel Wert auf Beziehungen legt und auf der Beziehungsebene handelt. Beziehungen sind so wichtig, dass unser himmlischer Vater seinen eigenen Sohn gesandt hat, um stellvertretend für uns zu sterben. Dieser zahlte die Strafe für unsere Sünde, damit unsere Beziehung zu Gott wiederhergestellt werden kann! Gott ist es solch ein Anliegen, dass wir „jede Anstrengung unternehmen“, um zerbrochene Beziehungen wiederherzustellen, dass er uns in Matthäus 5,23–24 Folgendes sagt:

> Wenn du nun deine Gabe zum Altar bringst und dich dort erinnerst, dass dein Bruder etwas gegen dich hat, so lass deine Gabe dort vor dem Altar und geh zuvor hin und versöhne dich mit deinem Bruder, und dann komm und opfere deine Gabe!

Beziehungen sind unserem Gott so wichtig, dass er Ehemännern Folgendes auferlegt:

> Ihr Männer sollt gleichermaßen einsichtig mit eurer Frau als dem schwächeren Gefäß zusammenleben und ihr Ehre erweisen, weil ihr ja gemeinsam Erben der Gnade des Lebens seid, damit eure Gebete nicht verhindert werden. (1Pet 3,7)

Ich verstehe das so: Wenn meine Beziehung zu meiner Frau im Argen liegt, dann stimmt es mit meiner Beziehung zu meinem Herrn auch nicht. Autsch!

Woher weißt du, dass du wirklich alles darangesetzt hast, die Einheit des Geistes zu bewahren? Nun, kannst du aufrichtig sagen, dass du alle dir bekannten biblischen Maßnahmen ergriffen hast, um Versöhnung anzustreben? Am Ende dieses Büchleins befindet sich eine Liste mit Anregungen dazu, was man tun kann, um einen Versöhnungsversuch zu unternehmen.

GRUND ZUR HOFFNUNG

Vielleicht verspürst du im Moment eine gewisse Hoffnungslosigkeit. Vielleicht hast du sogar mithilfe einiger biblischer Prinzipien versucht, den Konflikt zu lösen. Es könnte sein, dass du und dein Ehepartner immer wieder über die gleichen Dinge in Konflikt geratet und nie zu einer Einigung kommt. Ich möchte dir zwei Gründe nennen, die dir Hoffnung geben können.

- Da wir in Christus sind und er in uns ist (Epheser 1–3), können wir davon ausgehen, dass wir seit unserer Errettung neue Fähigkeiten der Konfliktbewältigung haben.
- Da der Herr in uns ist, sind wir zu übernatürlicher Vergebung fähig.

KONFLIKTE ERÖFFNEN GELEGENHEITEN[10]

Außerdem können wir Hoffnung schöpfen, weil sich bei Konflikten Gelegenheiten bieten, Probleme anzusprechen, die ansonsten nicht angesprochen werden würden. Zudem haben wir die Gelegenheit, anderen in einer Weise zu dienen, die über den normalen Lebensalltag hinausgeht und die dem Vorbild unseres Herrn folgt, als er die Fußwaschung vornahm (Joh 13,1–15).

Meine Sicht auf Konflikte änderte sich, als mir langsam bewusst wurde, welche Gelegenheiten sich aus Auseinandersetzungen ergeben und dass sie mir erlauben, meine eigenen Herzensprobleme anzusprechen bzw. anderen dabei zu helfen, ihr Herz unter die Lupe zu nehmen. Bevor ich dieses Prinzip akzeptierte, war meine typische Reaktion, Konflikte um jeden Preis zu vermeiden. Doch dann akzeptierte ich, dass Konflikte unvermeidlich sind und durch die souveräne Hand Gottes in mein Leben hineinkommen. Deshalb muss man Konflikte zur Ehre Gottes ausräumen. Dieses Konzept revolutionierte meinen Führungsstil.

---

[10] Für eine umfassende Erörterung dieses Themas, siehe: Ken Sande, *Sei ein Friedensstifter*.

HITZE BRINGT SCHLACKE ZUM VORSCHEIN

Zu guter Letzt können wir hoffnungsvoll sein, weil der Herr etwas wirklich Großes in unserem Leben vorhat, wenn er zulässt, dass wir hohem Druck ausgesetzt sind. Die Hitze des Konflikts bringt Unreinheiten zum Vorschein, die nicht an die Oberfläche kommen würden, wenn wir diesem Druck nicht ausgesetzt wären. Gottes letztendliche Absicht besteht immer darin, dass wir seinem Sohn, unserem Retter, ähnlicher werden! Er gebraucht den Druck, um uns Bereiche aufzuzeigen, in denen wir dem Herrn noch nicht ähnlich sind, und er lehrt uns, uns mehr von ihm abhängig zu machen. Ich sage oft, dass ich auf der theologischen Hochschule gelernt habe, die Schrift zu verstehen, während ich durch Konflikte gelernt habe, mit dem Herrn zu wandeln.

Ich hoffe, dass auch du in der Lage sein wirst, an der Wahrheit festzuhalten, dass der Herr wirklich etwas Gutes im Schilde führt, wenn du in Konflikte kommst.

SCHLUSSFOLGERUNG

Ich bin als Pastorenkind aufgewachsen und habe während meiner Teenagezeit leider das typische Vorurteil bedient. Ich war aufsässig! Mein Herz war voll tiefer Bitterkeit gegenüber meinem Vater. Er schien stets Zeit für andere zu haben, aber mich hatte er scheinbar nie auf dem Schirm. Ein Beispiel soll ausreichen, um dir ein Bild davon zu machen, wie schlimm es war. Um die ganze Tragweite zu verstehen, musst du etwas über meinen Vater wissen.

Er hatte im zweiten Weltkrieg unter General George Patton gekämpft und ein großkalibriges Maschinengewehr auf dem berühmten Sherman Panzer bedient. Bei dem Kampf gegen die Nazis hatte er entsetzliche Dinge erlebt, doch das Schlimmste ereignete sich zum Ende des Krieges hin, als seine Einheit an der Befreiung eines Konzentrationslagers beteiligt war. Vermutlich hast du schon einmal Bilder der abgemagerten Gefangenen gesehen. Mein Vater sah diese Menschen mit eigenen Augen. Es fällt mir schwer, mir auszumalen, was mein Vater dabei empfunden haben muss, als ich „Sieg Heil“ rief und vor ihm den Hitlergruß ausführte, als er mich auch nur um das Geringste bat.

Doch unser gnädiger Herr hatte mit meiner bitteren Seele etwas anderes vor.

Im Frühjahr der elften Klasse meiner Schulzeit brachte mich der Herr zu wahrem, rettendem Glauben. Mit fünf Jahren hatte ich zwar ein Übergabegebet gesprochen, um Jesus als meinen Retter anzunehmen, doch in der High-School wurde mir klar, dass ich nicht wirklich wiedergeboren war. Es gab keinerlei Hinweis darauf, dass sich mein Herz verändert hatte. Als ich 17 Jahre alt war, besuchte ich eine Veranstaltung einer Ortsgemeinde, bei der der Redner dazu aufforderte, nach vorne zu kommen, um Christus anzunehmen. Obwohl ich völlig von meiner Sünde überführt war, folgte ich der Einladung nicht. Stattdessen ging ich zu Fuß zum Haus meiner Schwester, die einen knappen Kilometer entfernt wohnte, und sagte ihr, „Ich glaube nicht, dass ich wirklich wiedergeboren bin." Sie war weise genug, mir keine „Heilsgewissheit" einzureden, indem sie mich an das Übergabegebet erinnerte, das ich als Fünfjähriger gebetet hatte. Stattdessen erklärte sie mir die gute Nachricht von Jesus Christus so, als ob ich sie zum allerersten Mal hören würde. Diesmal war ich mir meiner Sündhaftigkeit vollkommen bewusst. Ich wusste, dass ich dabei war, mein Leben zu ruinieren und dass nur Gott mich durch seine Gnade retten konnte. An jenem Abend bekannte ich meine Sünde und er vergab mir meine Sünde auf der Grundlage des Todes Christi und seiner Auferstehung (Apg 26,20; 1Kor 15,1–3).

Fast augenblicklich wurde ich von meiner Aufsässigkeit überführt. Kurz danach ging ich zu meinem Vater und bat ihn um Vergebung. Doch die Bitterkeit in meinem Herzen war damit immer noch nicht ausgeräumt. Ungefähr ein Jahr später ging ich auf die Bibelschule, wo ich meinen ersten Kurs in biblischer Seelsorge besuchte. Der Lehrer ging im Unterricht Epheser 4 durch. Wir haben dieses Kapitel ja in diesem Büchlein betrachtet.

Wir haben bereits gelernt, was Paulus über das Ablegen des alten Menschen, die Erneuerung des Sinnes und das Anziehen des neuen Menschen zu sagen hat (4,19–24). Die darauffolgenden Verse sind lediglich eine Erläuterung und Anwendung dieses Prinzips. Paulus schreibt,

> Alle Bitterkeit und Wut und Zorn und Geschrei und Lästerung sei von euch weggetan samt aller Bosheit. Seid aber gegeneinander freundlich und barmherzig und vergebt einander, gleichwie auch Gott euch vergeben hat in Christus (Eph 4,31–32).

Ich wollte meine Bitterkeit loswerden, weil sie mich im Inneren meiner Seele auffraß. Doch ich erinnere mich, wie ich etwas frustriert dachte, „Wie kann man einfach aufhören, bitter zu sein?“ Da fiel es mir wie Schuppen von den Augen, dass Paulus dies gar nicht sagen wollte. Er sagt uns, dass wir Bitterkeit ablegen, indem wir die Entscheidung treffen, anderen auf der Grundlage der Vergebung zu vergeben, die wir in Christus empfangen haben, um die Bitterkeit dann mit gütigen und liebevollen Handlungen zu ersetzen. Es geht um das ganze Paket. Paulus schreibt den Römern Folgendes:

> Lass dich nicht vom Bösen überwinden, sondern überwinde das Böse durch das Gute! (Röm 12,21)

Die Dinge, die wir anziehen (Vers 32), töten die Dinge, die wir ablegen (Vers 31), wenn wir es aus der richtigen Motivation tun.

Der richtige Beweggrund ist äußerst wichtig und steht in direktem Bezug zu dem Ausdruck „erneuert werdet im Geist eurer Gesinnung“ (Vers 23), den Paulus verwendet. Im Grunde sagt Paulus, „Werdet erneuert im inneren Menschen eures Herzens“, da „Herz“ und „Sinn“ bzw. „Gesinnung“ beides Begriffe sind, die sich auf den inneren Menschen beziehen. Er sagt uns, dass die „Gedanken und Gesinnungen“ unseres Herzens sich ändern können und sollen aufgrund dessen, wer wir in Christus sind. Da uns vergeben wurde, sind wir in der Lage, zu beschließen, die Vergehen anderer „wegzuschicken".[11] Somit machte ich mich an die Arbeit, den gesamten Prozess umzusetzen. Innerhalb von zwei Monaten war die Bitterkeit aus meiner Seele verschwunden!

Ich freue mich, sagen zu können, dass ich im Laufe der verbleibenden Lebensjahre meines Vaters fleißig daran weitergearbeitet habe, sodass wir eine liebevolle Beziehung genießen konnten. Mein Vater ist nun beim Herrn, doch an einem der letzten Sonntage, an denen ich ihn besuchte, saß ich auf seiner Bettkante und las ihm aus dem Wort Gottes vor. Er befand sich in schier unerträglichen Schmerzen. Wir sangen zusammen geistliche Lieder und hörten uns eine Predigt von Dr. John MacArthur an. Was für ein radikal anderes Bild dies doch war im Vergleich zu dem, als ich noch ein Teenager war! Dies geschah aufgrund der Kraft des Evangeliums und der gehorsamen Umsetzung biblischer Prinzipien.

---

[11] Eines der griechischen Worte für Vergebung ist *aphemi,* was „wegschicken" bedeutet. Es bezieht sich auf eine Willenshandlung.

Lass also bitte nicht zu, dass Beziehungen verkümmern. So wie Gott dir in Christus nachgegangen ist und dir vergeben hat, tue es bitte auch in Bezug auf andere. Die Projekte zur persönlichen Anwendung am Ende dieses Buches werden dir dabei helfen, einen Anfang zu machen.

MEIN SCHLUSSGEBET

Gnädiger Vater, ich flehe dich an um Weisheit für den Umgang mit Konflikten und zerbrochenen Beziehungen. Ich weiß, dass du der Experte in Sachen Beziehung bist und ich danke dir für den großen Reichtum an Orientierungshilfen, den wir in deinem Wort finden können. Ich bete, dass meine Geschwister durch deine Gnade und durch die Kraft des Heiligen Geistes die nötige Selbstbeherrschung aufbringen, das zu tun, was dein Wort sagt – als Anbetungshandlung dir gegenüber. Ich bete dies im Namen unseres Retters, dem Herrn Jesus Christus, dem Friedefürst. Amen.

SCHRITTE IN DER ANWENDUNG

Sinne im Gebet über die Aufzählung der Charaktereigenschaften und deren Gegenteile aus Kapitel 3 nach. Stelle dir die Frage, an welchen beiden du am meisten arbeiten musst. Wie wirst du die Sache angehen?

Denke daraufhin über die folgenden Fragen, die auf deine Herzenseinstellung abzielen, nach:

Fragen, die deinen Verstand betreffen

- Welche Gedanken gehen dir regelmäßig durch den Kopf, die die Person betreffen, mit der du dich in einem Konflikt befindest bzw. die die Situation im Allgemeinen betreffen? Was sagen diese über dein Verlangen aus?

Fragen, die deinen Willen betreffen

- Welche Entscheidungen hast du in Bezug auf den Konflikt getroffen?
- Welche Situationen versuchst du, zu vermeiden?

Fragen, die deine Gefühle betreffen

- Wovor hast du Angst in Bezug auf den Konflikt?
- Was macht dich zornig, wenn du über den Konflikt nachdenkst?
- Zähle die Dinge auf, die dir in Bezug auf diese Situation Sorgen bereiten. Was sagt dies über den Zustand deines inneren Menschen aus?

Fragen, die dein inneres Verlangen betreffen

- Was willst du, das du nicht bekommst?
- Was bekommst du, das du nicht willst?
- Welche Muster erkennst du in deinem Herzen angesichts deiner Antworten? Welche Begriffe würdest du verwenden, um das Herzensmotiv zu beschreiben, das ans Licht bringt, was du wertschätzt (z. B. „Wunsch nach Kontrolle", „Wunsch nach Selbstschutz", „Wunsch, andere glücklich zu machen" oder „Wunsch nach einem problemlosen Leben")?
- Was sind die beiden wichtigsten Dinge, die du tun musst, angesichts des Gelesenen? Wann wirst du sie umsetzen?
- Schreibe ein Gebet nieder, in dem du deine Schuld bekennst und deine Hingabe an den Herrn zum

Ausdruck bringst auf der Grundlage dessen, was du gelernt hast.

- Was sagen deine Erwartungen über das aus, was du für deine Rechte hältst?

- Nimm dir die Psalmen 42 und 43 als Vorlage. Schreibe ein selbstformuliertes Klagegebet hinsichtlich der Auseinandersetzungen mit anderen nieder, das du an Gott richtest.

- In Matthäus 7,1–5 ermahnt uns der Herr dazu, „zuerst den Balken aus deinem Auge" zu ziehen. Nachdem du einige der obigen Fragen beantwortet hast, zähle nun zehn Aspekte auf, mit denen du zum Konflikt beigetragen hast. Falls es dir schwerfallen sollte, deinen Beitrag zum Konflikt zu erkennen, empfehle ich dir, das zweite Kapitel des Buches *Peacemaking for Families* von Ken Sande durchzulesen (siehe die Rubrik „Weiterführende Ressourcen") und die Fragen am Ende dieses Kapitels zu beantworten.

- Welche Fragen solltest du der Person stellen, mit der du dich in einem Konflikt befindest, um zu erfahren, was ihre „Interessen" sind? Was ist das Anliegen dieser Person? Was sind ihre Ängste?

WEITERFÜHRENDE RESSOURCEN

BÜCHER AUF DEUTSCH

MacArthur, John, *Vergeben befreit* (Bielefeld: CLV, 2008).

Sande, Ken, *Sei ein Friedensstifter: Das Handbuch zur biblischen Konfliktlösung* (Augustdorf: Betanien, 2017).

Strauch, Alexander, *Gut, dass wir einander haben. Biblische Prinzipien für den Umgang mit Konflikten* (Dillenburg: Christliche Verlagsgesellschaft, 2012).

BÜCHER AUF ENGLISCH

Baker, Ernie, *Men Counseling Men*; Kapitel 16, „Helping Men Resolve Conflict" (Eugene, OR: Harvest House, 2013).

Jones, Robert D., *Pursuing Peace* (Wheaton, IL: Crossway, 2012).

——————*Uprooting Anger* (Phillipsburg, NJ: 2005).

Poirer, Alfred, *The Peacemaking Pastor* (Grand Rapids, MI: Baker, 2006).

Sande, Ken, *The Leadership Opportunity: Living Out the Gospel Where Leadership and Conflict Intersect* (Billings, MT: Peacemaker Ministries, 2009).

————*Peacemaking for Families: Managing Conflict in Your Home* (Carol Stream, IL: Tyndale House, 2002).

Tripp, Paul David, *Dangerous Calling* (Wheaton, IL: Crossway, 2012).

WEBRESSOURCEN

Association of Certified Biblical Counselors: www.biblicalcounseling.com

Christian Counseling & Educational Foundation: www.ccef.org

Peacemaker Ministries: www.peacemaker.net

TASCHENHILFE

BIBLISCHER RAT FÜR DIE NÖTE DES ALLTAGS

Die Bibel ist ein theologisches Buch – aber kann sie auch Hilfe in konkreten Herausforderungen des Alltags geben? Die Mini-Taschenbücher der Serie *Taschenhilfe* geben eindrucksvoll Antwort darauf. Sie behandeln alltägliche Nöte aus biblischer Sicht. Es gibt zum Beispiel Taschenhilfen zu folgenden Themen:

- Zorn
- Finanzielle Schulden
- Motivation
- Depression
- Pornografie
- Eheliche Untreue
- Umgang mit Krankheiten wie Krebs oder Alzheimer
- Einsamkeit
- Missbrauch
- u.v.m.

Der Fokus dieser Bücher liegt darauf, leidenden und hilfesuchenden Menschen zu helfen, und gleichzeitig sind sie eine Orientierungshilfe für diejenigen, die anderen helfen wollen. In jedem Buch wird das Evangelium klar und biblisch erklärt und auf die konkrete Herausforderung angewandt. Mit einem Umfang von 70 bis 80 Seiten sind die Bücher so kurz und das Thema ist so präzise auf den Punkt gebracht, dass man als Leser sehr schnell den Kern des Problems erkennt und den biblischen Lösungsweg versteht.

Alle lieferbaren (und geplanten) Titel dieser Serie findest du unter:

WWW.TASCHENHILFE.DE